Los niños pequeños se dan cuenta de muchas cosas, incluyendo el color de la piel, la raza y hasta la injusticia y el racismo. Puede ser difícil encontrar las palabras adecuadas para contestar sus preguntas o para iniciar una conversación sobre la raza. Pero cuando no lo hablamos con ellos, los niños suelen sacar sus propias conclusiones que, debido al mundo en el que vivimos, pueden incluir prejuicios y estereotipos. Unas conversaciones sencillas pueden ayudarles a entender su mundo. Incluso a reconocer y a expresarse contra la injusticia. Este libro ofrece un buen principio o continuación de dicha conversación. No importa si desea tomar pausas, dejar por el momento algún asunto por fuera o entrelazar este contenido con sus propias historias.

—Megan y Jessica

Megan Pamela Ruth Madison
Entrenadora del Centro por la
Justicia Racial en la Educación

Jessica Ralli
Coordinadora de Programas
para la Primera Infancia de la
Biblioteca Pública de Brooklyn

Isabel Roxas
Ilustradora y editora
independiente

NUESTRA PIEL

UNA PRIMERA CONVERSACIÓN™ SOBRE LA RAZA

TEXTO DE
**MEGAN MADISON
& JESSICA RALLI**

ARTE DE
ISABEL ROXAS

TRADUCCIÓN DE
ISABEL C. MENDOZA

RISE

NEW YORK

Todos tenemos piel.
¡Hay pieles de todos los colores!

¿De qué color es tu piel?

Vemos diferentes colores de piel
en el parque, en el mercado
y en la televisión.

¿Qué colores de piel ves tú?

Nuestros/as/es amigos/as/es tienen diferentes tonos de piel. Lo mismo pasa en nuestras familias.

¿Cómo es en tu familia?

Nuestra piel es hermosa,
fuerte e importante ¡tal como es!

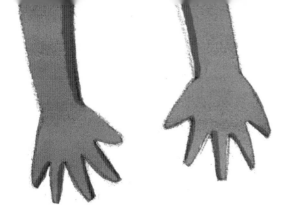

¿Qué te encanta
de tu piel?

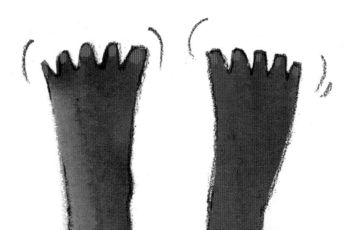

Hay una sustancia inteligente en nuestro cuerpo que se llama melanina. Le da el color o pigmento a nuestra piel y nos protege contra los rayos del sol. Tú también tienes melanina. ¡Todos la tenemos! Cada persona tiene la cantidad perfecta para sí.

Si tu piel es más oscura, tiene más melanina.
Si es más clara, tiene menos melanina.
La melanina hace que existan pieles
en muchos tonos hermosos, desde
oscuro hasta claro.

¿Cómo le llamas a tu color de piel único?

Podemos usar nombres de colores para describir a las personas, como negro/a/e y blanco/ca/que.

A veces decimos "gente de color" para referirnos a las personas que no son blancas.

¡En nuestro mundo hay muchos grupos de personas diferentes, así que usamos muchas palabras!

¿A qué grupos perteneces tú?

NDÍGENES
CAS ÁRABES
S DEL PACÍFICO
ERICANAS
RACIALES Y MUCHAS MÁS

El color de la piel no te dice mucho sobre la manera de ser de una persona, lo que sabe, la comida que le gusta o sus libros favoritos; ni siquiera, dónde nació.

Con solo mirar a alguien no podemos
saber cómo es por dentro.
Sin embargo, a veces
la gente lo intenta
de todas formas.

Hace mucho tiempo, muchísimo antes de que nacieras, un grupo de gente blanca creó una idea llamada "raza". Agruparon a las personas según su color de piel. También dijieron que la gente blanca era mejor, mas inteligente, y mas bella, y que también merecían más que los demás.

¡Eso no es cierto ni justo, para nada! Pero es un cuento que se ha repetido por mucho tiempo.

Cuando la gente cree este falso cuento racial, eso se llama racismo.

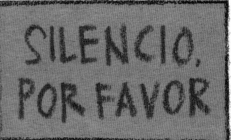

El racismo también incluye las acciones que toma la gente y las reglas que crean sobre la raza para que las personas blancas tengan más poder y sean tratadas mejor que los demás. El racismo se da de muchas maneras, grandes y pequeñas. Está por todas partes, aunque no siempre lo notemos.

El racismo puede ser una regla,
como cuando alguien dice que solo
pueden jugar los/as/es amigos/as/es
que tienen la piel blanca.

El racismo puede ser una idea, como creer
que las princesas solo tienen el cabello rubio.

El racismo puede ser algo que hemos hecho durante mucho tiempo, como el hecho de que no se han escrito muchos libros sobre gente de color.

El racismo puede ser a propósito, como cuando se usan nombres ofensivos solo por no tener tono de piel blanca.

El racismo puede ser sin intención,
como cuando alguien siempre tiene
que hacer el papel del malo.

¡El racismo duele y siempre es injusto!

**Por eso es importante hablar
del tema y poner de nuestra
parte para que las cosas mejoren.**

Siempre, incluso ahora, hay gente que trabaja por la justicia racial, diciendo la verdad y hablando sobre sus emociones. También, tratando a los demás de la misma manera como quieren ser tratados,

LAS VIDAS DE LAS PERSONAS NEGRAS IMPORTAN

¡EXPRÉSATE!

LAS PROTESTAS SON PROGRESO

diciendo con valentía:

¡ESO NO ESTÁ BIEN!

Y marchando en protestas; cantando canciones que nos unen; cambiando reglas injustas; enseñando, ayudando, aprendiendo y escuchando.

Nosotros también podemos hacerlo.

CONTINÚEN LA CONVERSACIÓN

EL COLOR DE LA PIEL

¡Hasta los bebés reconocen el color de la piel! Y cada persona tiene un tono de piel único. El solo hecho de hablar sobre ello ayuda a los niños a aprender que no se trata de un tema tabú, y puede abrir la puerta a conversaciones más profundas sobre la raza. Se puede hablar del color de la piel de la misma manera que se habla de las partes del cuerpo. Presente el tema del color mientras los niños juegan, en situaciones en las que puede que ya estén hablando de atributos físicos, como el tamaño, la forma y el color.

OBSERVACIONES RELACIONADAS CON LA RAZA

Los niños tienen curiosidad con respecto a la raza y podrían hacer observaciones relacionadas con ello estando muy cerca de las personas sobre las cuales sienten curiosidad. Aunque esto pueda resultar incómodo para los adultos, es importante no callar a los niños. Trate de comentar esas observaciones de manera calmada. Por ejemplo: "Veo que te diste cuenta de que _____". Continúe con una afirmación, como "¡Me encanta que seas tan curioso/a/e!". Si no pueden conversar al respecto en ese momento, dígale al/a la niño/a/e: "Ahora tenemos que _____, pero quiero que hablemos más sobre esto cuando _____".

DIVERSIDAD FAMILIAR

Los niños pequeños suelen pensar que todas las familias se parecen a su propia familia. Busque oportunidades en el día a día para señalar la diversidad de familias que existen y los diferentes tonos de piel que hay en una misma familia. Dé ejemplos con libros y fotos, o con muñecas mientras están jugando.

TÉRMINOS PARA HABLAR DE IDENTIDAD

Cuando no estamos acostumbrados a hablar sobre la raza, puede ser difícil saber cómo comenzar y qué lenguaje usar. Palabras como negro/a/e y blanco/a/e podrían parecer "malas palabras", ¡pero no lo son! El uso de términos precisos y apropiados para hablar de los grupos de identidad social empodera a los niños. Enséñeles términos relacionados con la identidad mientras juegan o leen libros para ayudarlos a aprender el lenguaje que necesitan para describirse a sí mismos y para sentirse cómodos con las diferencias humanas.

ESTEREOTIPOS Y PREJUICIOS

Tan pronto como a los seis meses de edad, los niños clasifican a la gente según su color de piel; y a los tres años ya pueden comenzar a mostrar indicios de prejuicios raciales. Una razón es que los niños pequeños usualmente generalizan. Trate de guiar las conversaciones para que se refieran a individuos más que a grupos. Por ejemplo: si un/una niño/a dice "Los papás van al trabajo", usted puede preguntarle, "¿De qué papá estás hablando?". Estos cambios en el pensamiento ayudan a los niños a aprender que las generalizaciones y los estereotipos son problemáticos.

RAZA

Es posible que usted haya aprendido que "la raza es un constructo social"; pero, ¿qué significa eso en realidad? ¿Y cómo se puede explicar? La raza en una idea que surgió en tiempos modernos y que no tiene una base científica ni biológica. Las categorías raciales se inventaron para darles ventajas a las personas blancas y para justificar la esclavitud, el colonialismo y el genocidio. Todavía hay mucha gente que no conoce o no entiende esta historia. Para poder hablar de raza y racismo con los niños, es importante comenzar, o continuar, el trabajo de comprender estos conceptos usted mismo, para que se sienta cómodo explicándoselos a ellos. Para ampliar su aprendizaje, visite nuestro sitio web, donde se recomiendan libros y artículos.

RACISMO

Usted tiene el derecho a hablar con los niños no solo sobre la diversidad y las diferencias sino también sobre la injusticia. Los pequeños ya ven el racismo, reciben su impacto y pueden perpetuarlo. Como los adultos de su vida que somos, no debemos evitar temas que generen confusión, miedo o tristeza. Necesitamos ayudarlos a entender y navegar por esos temas y emociones. Aprenda a explicar el racismo en sus propias palabras. Esto lo ayudará a encontrar las palabras adecuadas para explicárselo a sus niños, y a entender de dónde vienen sus preguntas. Señale las manifestaciones de racismo que vea en su propia vida y siga hablando abiertamente con los niños. Así, ellos/ellas harán lo mismo a medida que crecen. Visite nuestro sitio web si desea aprender más formas de definir y entender el racismo.

EMPODERAMIENTO Y ACTIVISMO

Los niños pequeños aprenden más observando lo que usted hace que escuchando lo que usted dice sobre sus creencias. El racismo está enraizado en la cultura de Estados Unidos. Para poder desarmar este sistema, tenemos que participar activamente en iniciativas antirracistas. ¡Hay tantas maneras diferentes de participar! Compartan ideas y comiencen a hacerlo poco a poco en su comunidad. En nuestro sitio web encontrará más ideas para empoderar a los pequeños en el activismo.

¡En **FirstConversations.com** podrá encontrar lo último en información, apoyo e ideas!